A DOSE DO DIA
(A DOZEN A DAY)

**Exercícios técnicos
PARA PIANO
a serem executados todos os dias
ANTES da aula**

por

Edna - Mae Burnam

Tradução de Bruno Quaino

**4º LIVRO
(Intermediário)**

Nº Cat.: BQ070

© Copyright 1964 by THE WILLIS MUSIC CO. - Cincinnati (Ohio) - USA.
International Copyright Secured - All rights reserved.

HAL•LEONARD CORPORATION
7777 W. BLUEMOUND RD. P.O. BOX 13819 MILWAUKEE, WI 53213

Publicado sob licença de Hal Leonard Co.

Todos os direitos reservados,
para língua portuguesa no Brasil, a

Irmãos Vitale Editores Ltda.
vitale.com.br
Rua Raposo Tavares, 85 São Paulo SP
CEP: 04704-110 editora@vitale.com.br Tel.: 11 5081-9499

CIP-BRASIL. CATALOGAÇÃO NA FONTE
SINDICATO NACIONAL DOS EDITORES DE LIVROS - RJ.

B919d

Brunam, Edna-Mae, 1907-2007.
   A dose do dia : exercícios técnicos para piano a serem executados todos os dias antes da aula, 4º livro (intermediário) / Edna-Mae Brunam ; tradução de Bruno Quaino. - 1. ed. - São Paulo : Irmãos Vitale, 2013.
   68 p. : il. ; 28 cm.

Tradução de: A dozen day
ISBN 978-85-7407-390-3

1. Música. 2. Música para piano. 3. Partituras. I. Título.

13-04795

CDD: 786.2
CDU: 78.089.7

02/09/2013   04/09/2013

INDICE

GRUPO I 7
1. Subindo E Descendo Escada Correndo
2. Um Pequeno Percurso Em Alta Velocidade
3. Flexionando Os Braços
4. A Passada Do Papai
5. No "Punching Bag"
6. Respirando Fundo
7. Subindo E Descendo Na Escada (Bem Rápido)
8. Pulando
9. Flexionando Os Cotovelos
10. Cruzando As Pernas Em Tesoura
11. Flexionando O Corpo
12. Agora Estou Pronto Pra Tocar Vamos A Aula Começar

GRUPO II 16
1. Fazendo Piruetas
2. Spaccato
3. Estirando A Perna Direita (Pro Alto)
4. Chutando Com A Perna Esquerda (Pro Alto)
5. Jogando Box
6. Girando Os Braços Em Hélice
7. Pulando
8. Saltitando
9. Uma Tacada Perfeita
10. Salto De Altura Com Vara
11. Respirando Fundo
12. Agora Estou Pronto Pra Tocar Vamos A Aula Começar

GRUPO III 29
1. Fazendo Piruetas
2. Spaccato
3. O Pulo Do Sapo
4. Boliche Americano
5. Treinando Golf
6. Flexionando Os Braços Para Fora, Mas Pulando
7. Respirando Fundo
8. Jogando Tênis
9. Seguindo O Líder
10. Passadas De Aranha
11. Subindo E Descendo Na Escada (Bem Rápido)
12. Agora Estou Pronto Pra Tocar Vamos A Aula Começar

GRUPO IV 42
1. Rodopiando Na Ponta Dos Pés
2. "Pegando" Onda (Na Prancha De Surf)
3. Cruzando As Pernas Em Tesoura, Mas Sentado Na Cadeira
4. Balançando A Perna Em Pêndulo
5. Pulando Corda Francesa (Duas Cordas)
6. Correndo Na Ponta Dos Pés (Parado No Lugar)
7. Pulando Na Ponta Do Pé (Feito Um Gatinho)
8. Ensaiando No Tambor-Mor
9. Correndo Em Velocidade
10. Passadas De Aranha
11. Levantamento De Peso Por Polias
12. Agora Estou Pronto Pra Tocar Vamos A Aula Começar

GRUPO V 53
1. Gêmeos Na Escada Rolante
2. Gêmeos No Elevador Panorâmico
3. Gêmeos No Teleférico
4. Viajando De Carruagem
5. Jogando Peteca
6. Escrevendo No Céu
7. Viajando De Disco Voador
8. Preso Na Ponte Levadiça
9. Enfrentando A Correnteza Num Caiaque (Canoa)
10. No Pogoball
11. Pulando De Pára-Quedas
12. Agora Estou Pronto Pra Tocar Vamos A Aula Começar

Muitas pessoas fazem exercícios todas as manhãs antes de sair para o serviço.

Da mesma forma, devemos exercitar nossos dedos todos os dias antes de iniciar a aula de piano.

O objetivo deste livro é auxiliar o desenvolvimento de mãos fortes, dedos flexíveis e precisão de toque.

Os exercícios de dedos devem ser praticados inicialmente devagar e com pouca força, para depois ir intensificando gradativamente tanto a velocidade quanto a força.

Os exercícios de acordes devem ser feitos alternando *mp*, *mf* e *f*, numa velocidade moderada.

Não queira tentar aprender os primeiros doze exercícios de uma vez; estude apenas dois ou três exercícios e pratique-os todos os dias antes de começar a sua aula de piano. Quando esses movimentos estiverem bem dominados, passe para o próximo e assim por diante, até conseguir fazer os doze exercícios com perfeição.

Quando a primeira dúzia, ou o Grupo I, estiver assimilado e sendo praticado com perfeição, o Grupo II poderá ser iniciado, seguindo a mesma conduta.

Quando o método inteiro estiver concluído, quaisquer dos Grupos poderão ser transpostos para outras tonalidades. Aliás este é um procedimento que aconselhamos.

Edna-Mae Burnam (☆1907☥2007)

Grupo I

1. Subindo E Descendo Escada Correndo
(Running Upstairs And Downstairs)

Repita 3 vezes antes de terminar
Toque suave - Acentuando na nota chave

Na cadência

2. Um Pequeno Percurso Em Alta Velocidade
(Sprinting)

Repita 5 vezes antes de terminar

3. Flexionando Os Braços
(Flinging Arms)

Repita 5 vezes antes de terminar

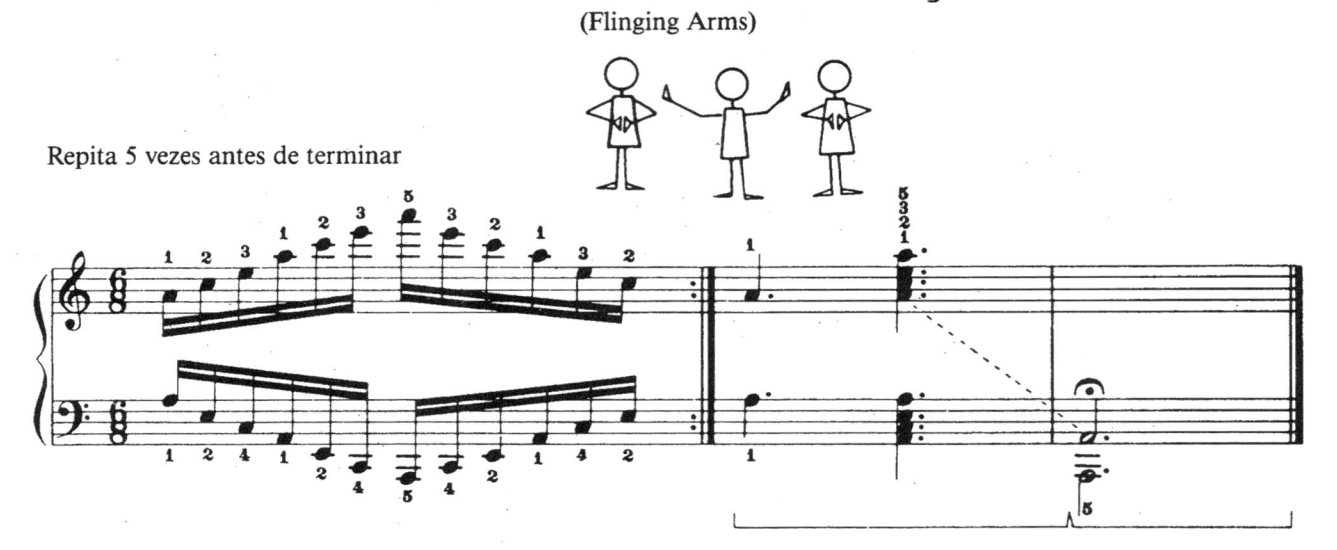

4. A Passada Do Papai
(Daddy Longleg Steps)

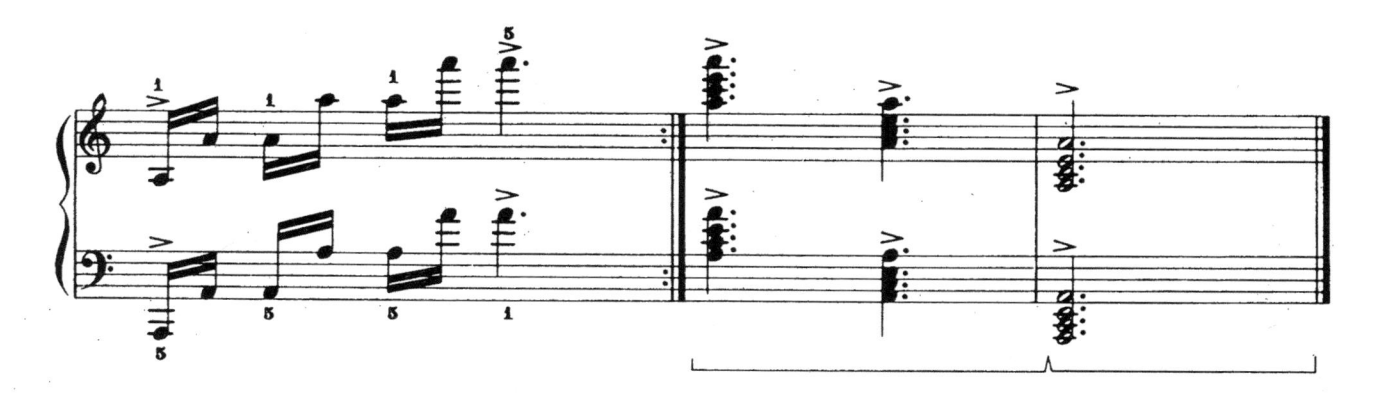

5. No "Punching Bag"

Repita 3 vezes antes de terminar

6. Respirando Fundo
(Deep Breathing)

7. Subindo E Descendo Na Escada
(Bem Rápido)
(Climbing Up And Down A Ladder -fast-)

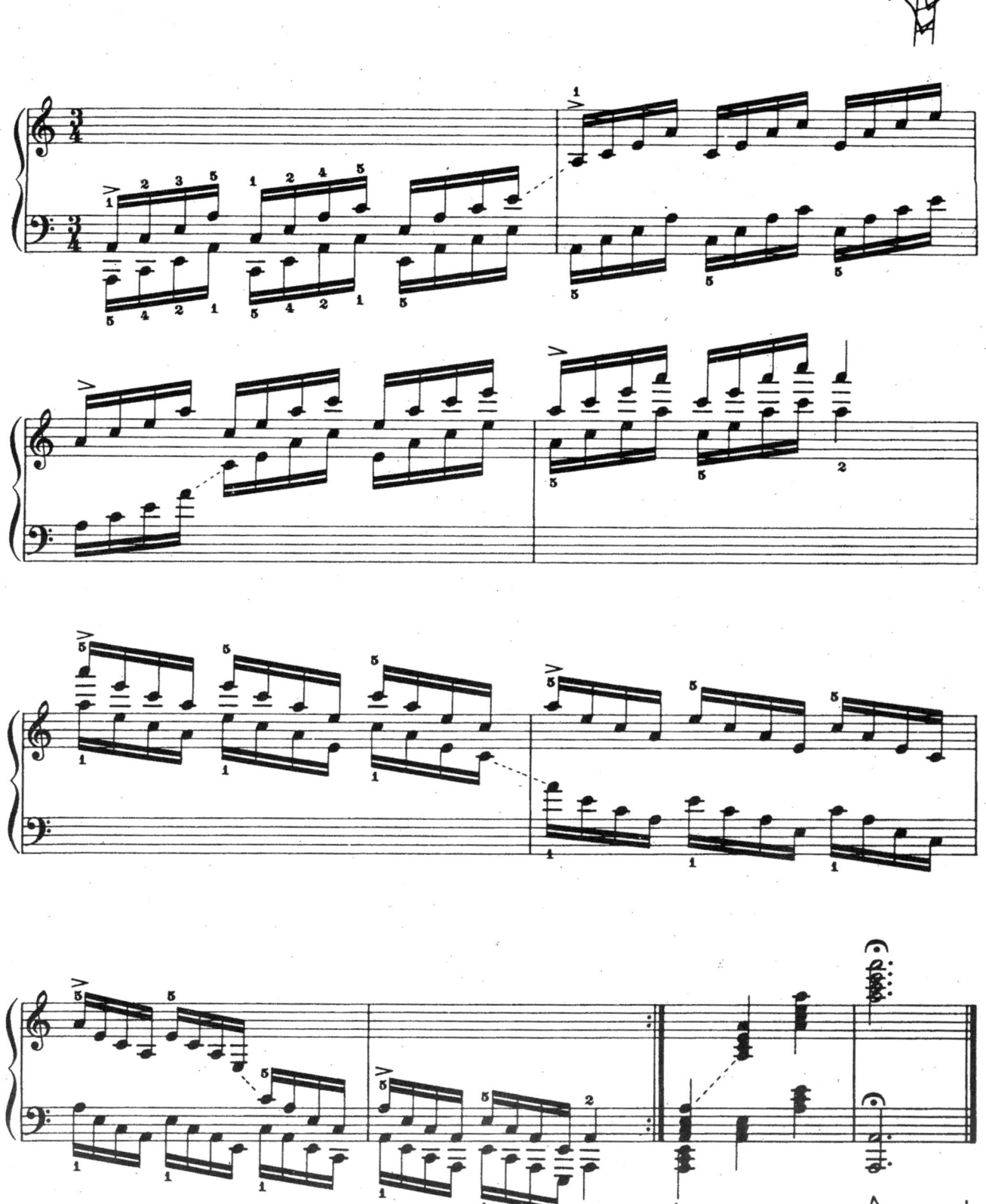

8. Pulando
(Jumping)

Alterne as mãos

Haste para cima: *M.D.*
Haste para baixo: *M.E.*

9. Flexionando Os Cotovelos
(Elbow Flip)

10. Cruzando As Pernas Em Tesoura
(Cross Legged Kick)

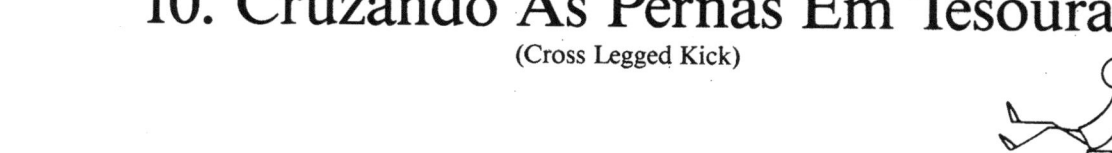

Só a *M.D.*

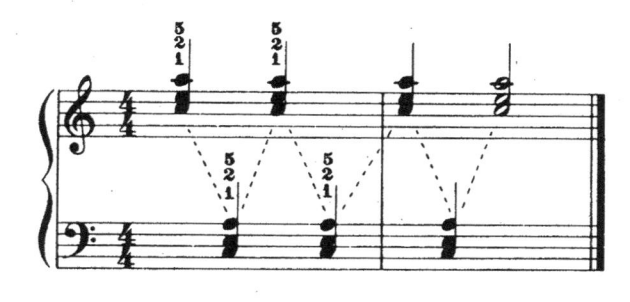

A *M.E.* sozinha

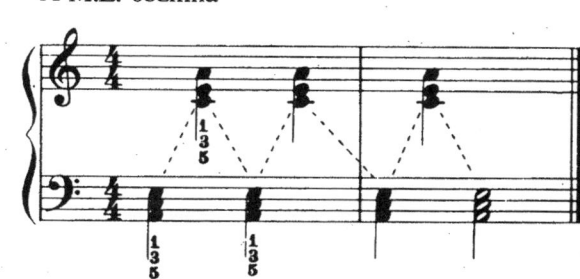

Agora as duas mãos (em tesoura)

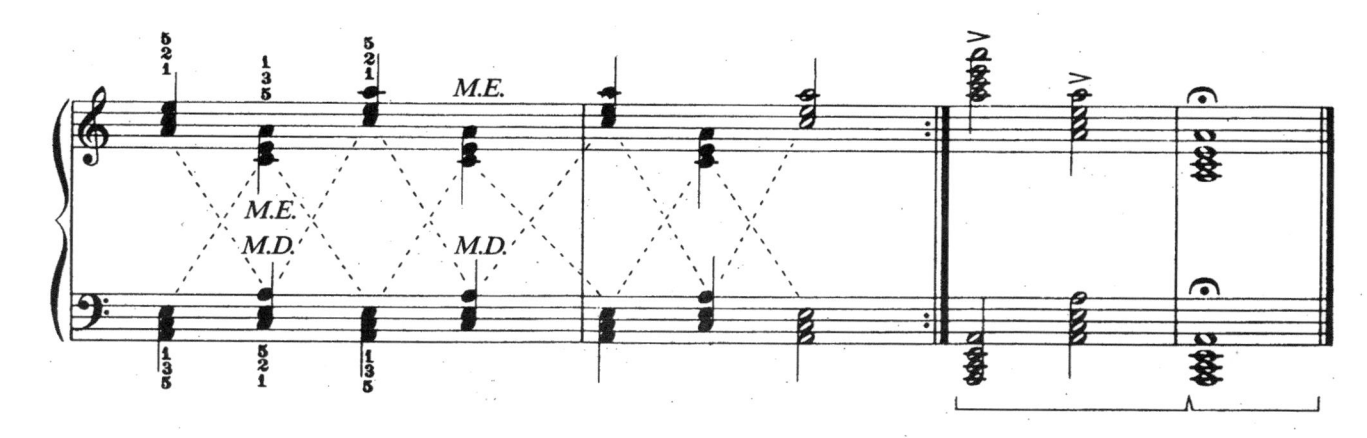

11. Flexionando O Corpo
(Push Ups)

12. Agora Estou Pronto Pra Tocar Vamos A Aula Começar

(Fit As A Fiddle And Ready To Go)

Rápido

Grupo II

Quatro tipos de tríades (em forma de acorde ou arpejo)

1. Maior .... Sinal de maior   +
2. Menor .... Sinal de menor   −
3. Diminuto .... Sinal de diminuto   o
4. Aumentado .... Sinal de aumentado   + +

Aqui temos a tríade no Modo Maior ....⟶

Para mudar de tríade Maior
para uma tríade menor, baixe
a terça meio tom ....⟶

Para mudar de tríade Maior
para uma tríade diminuta, baixe
a terça e a quinta meio tom ....⟶

Para mudar de tríade Maior
para tríade aumentada, suba
a quinta meio tom ....⟶

1. Fazendo Piruetas
(Cartwheels)

2. Spaccato
(The Splits) (Le Grand Écart)

3. Estirando A Perna Direita (Pro Alto)
(Stretching Right Leg Up)

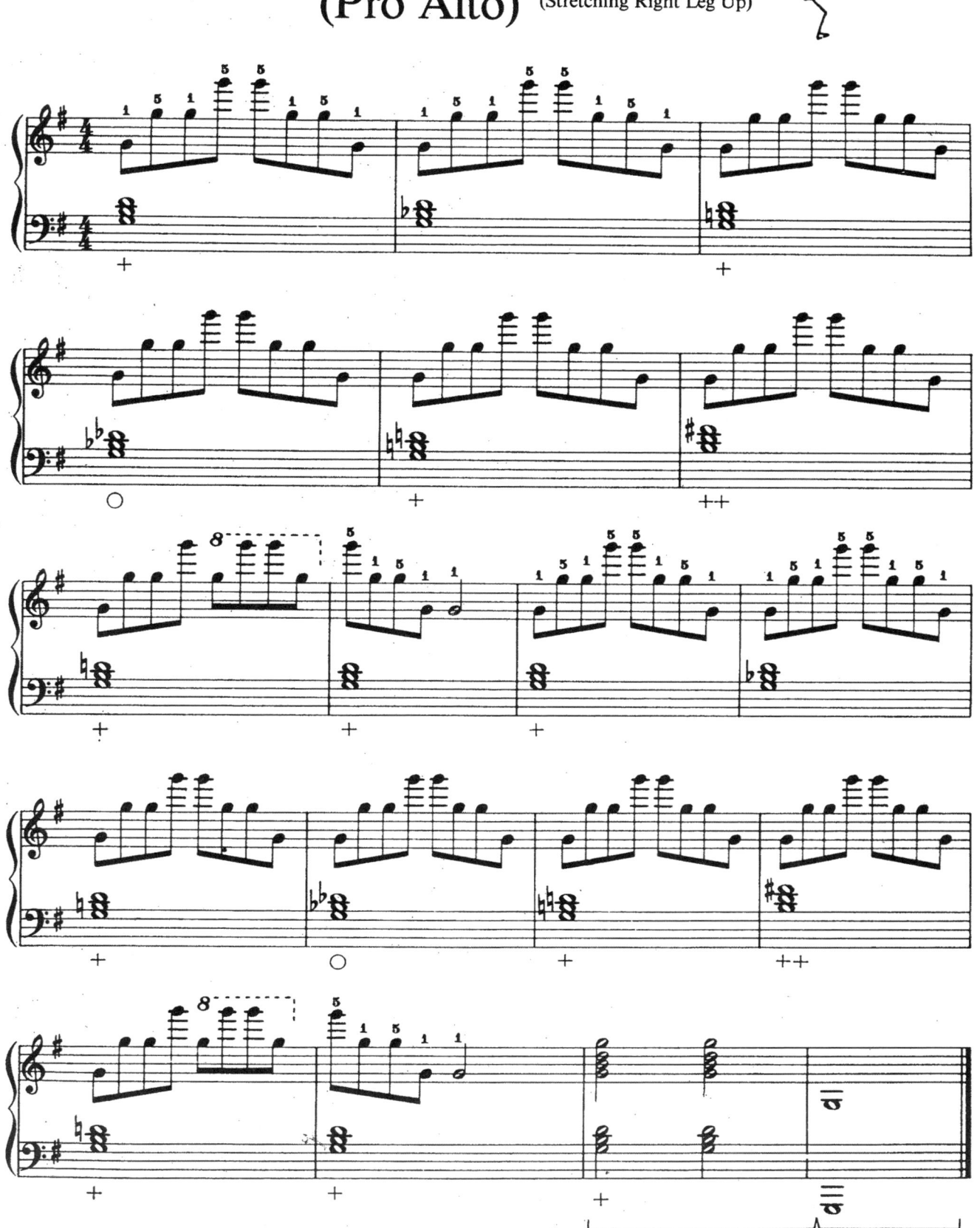

4. Chutando Com A Perna Esquerda (Pro Alto)
(Kicking Left Leg Up)

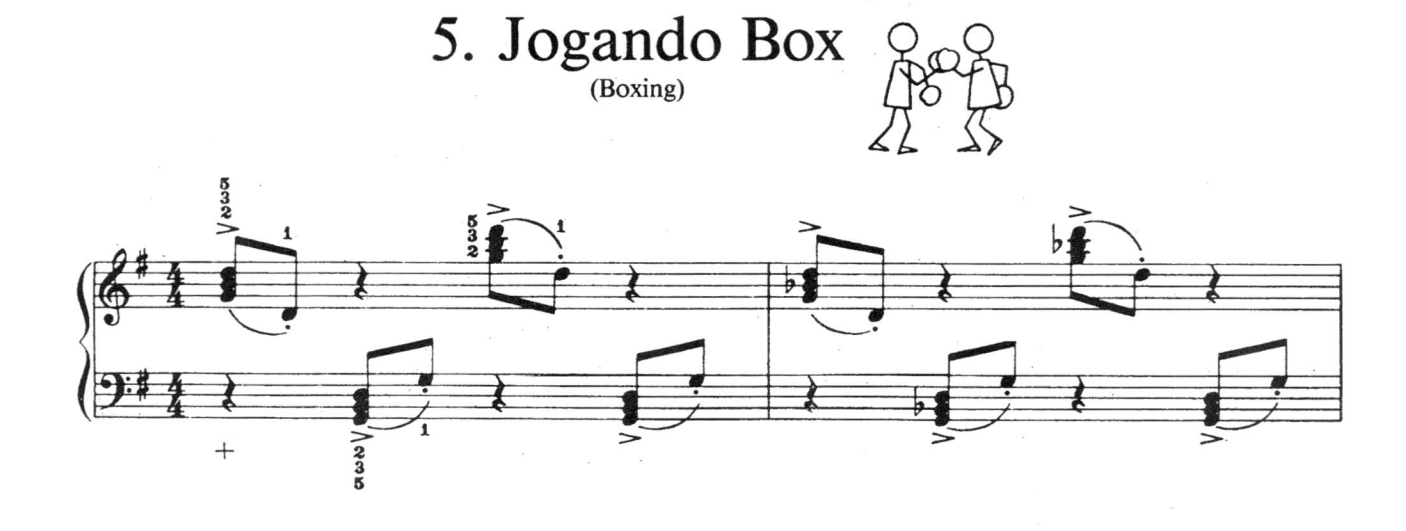

5. Jogando Box
(Boxing)

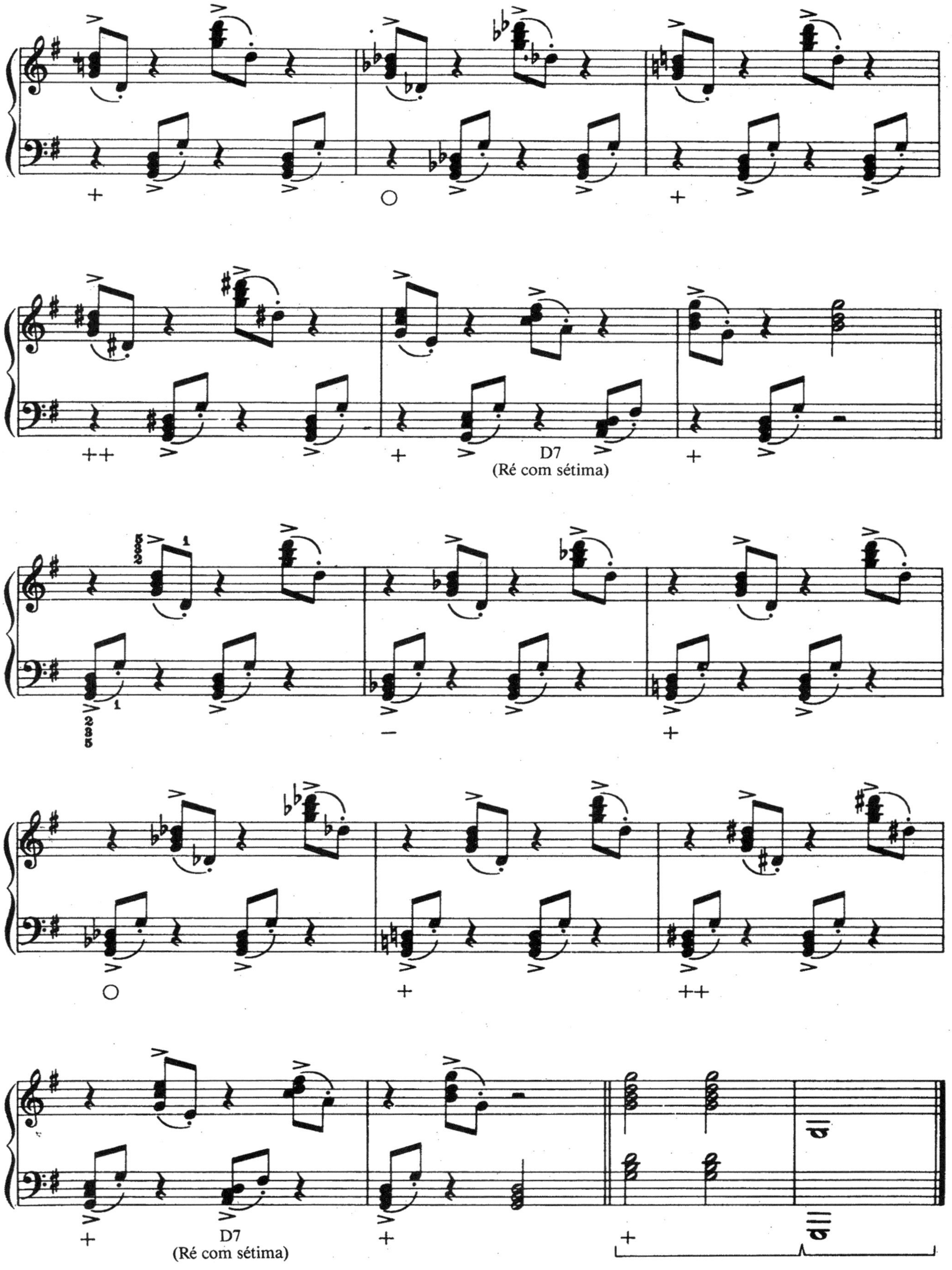
D7
(Ré com sétima)
D7
(Ré com sétima)

6. Girando Os Braços Em Hélice
(Windmill Arms)

7. Pulando
(Jumping)

8. Saltitando
(Skipping)

D7
(Ré com sétima)

9. Uma Tacada Perfeita
(Practicing Golf Drive)

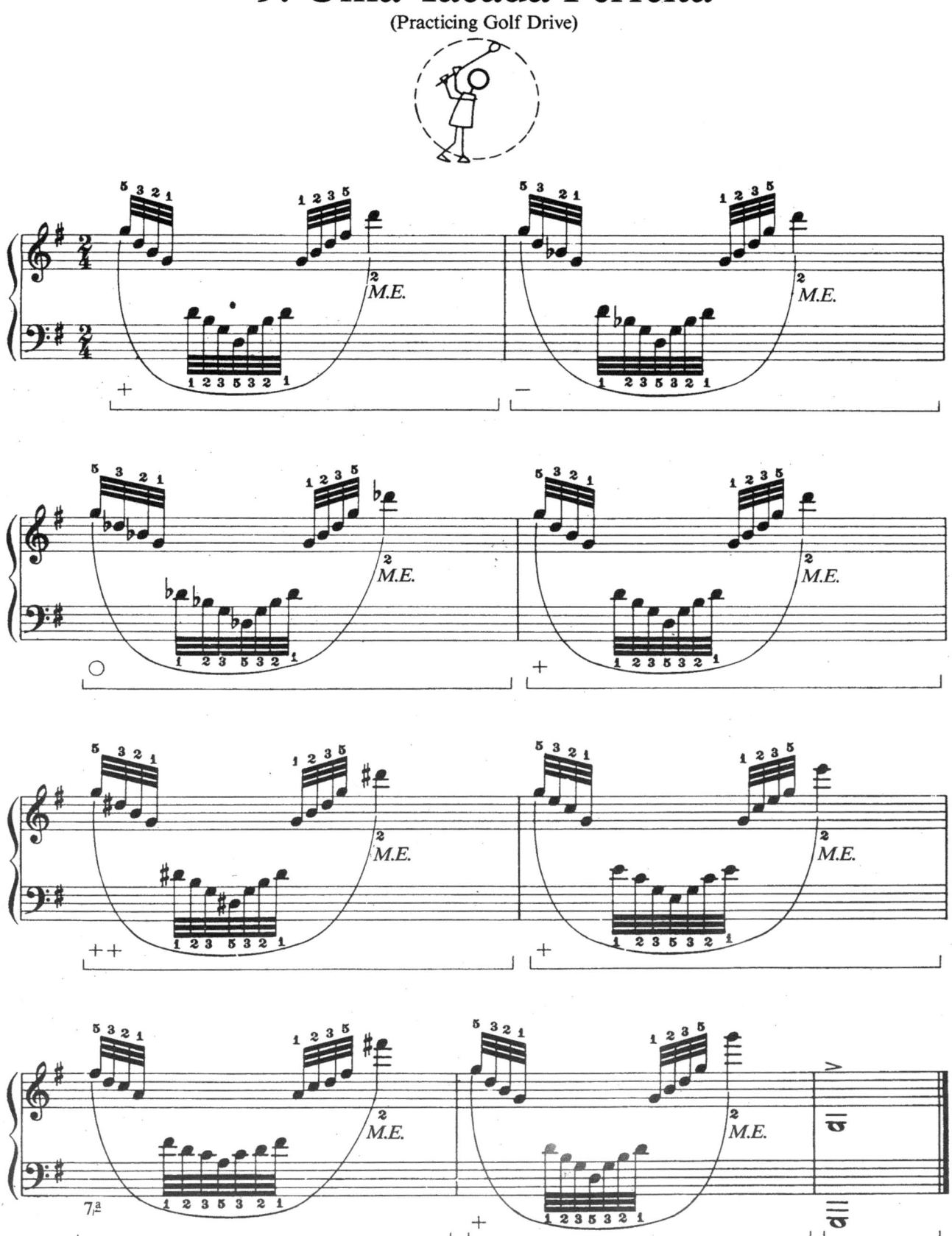

10. Salto De Altura Com Vara
(Pole Vaulting)

11. Respirando Fundo
(Deep Breathing)

12. Agora Estou Pronto Pra Tocar Vamos A Aula Começar
(Fit As A Fiddle And Ready To Go)

Grupo III

1. Fazendo Piruetas
(Cartwheels)

2. Spaccato
(The Splits) (Le Grand Écart)

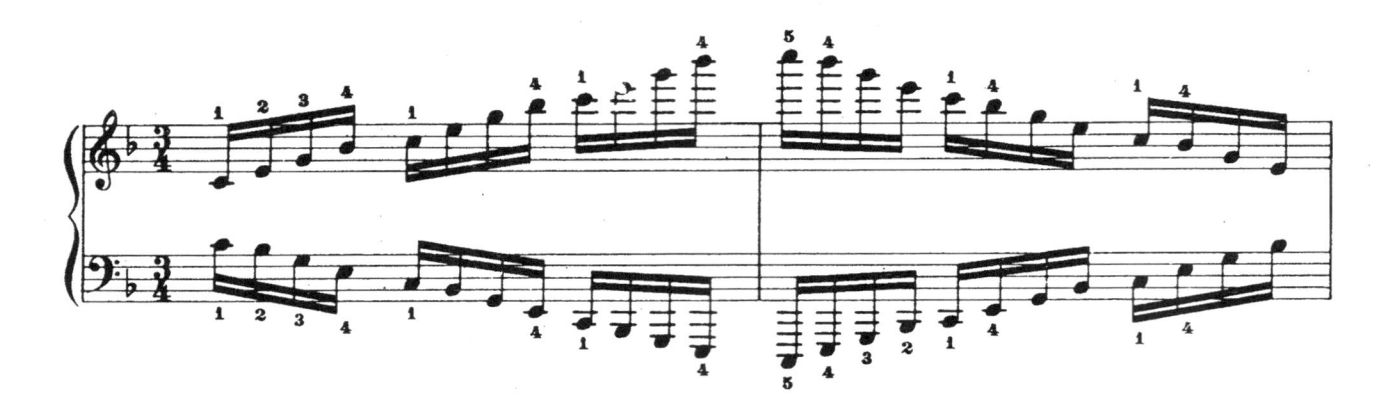

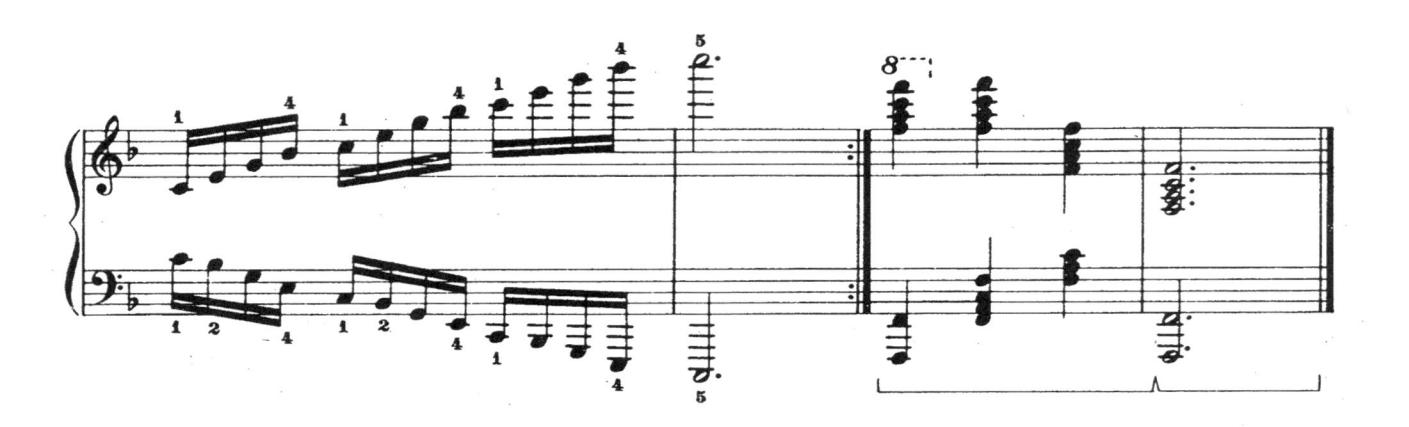

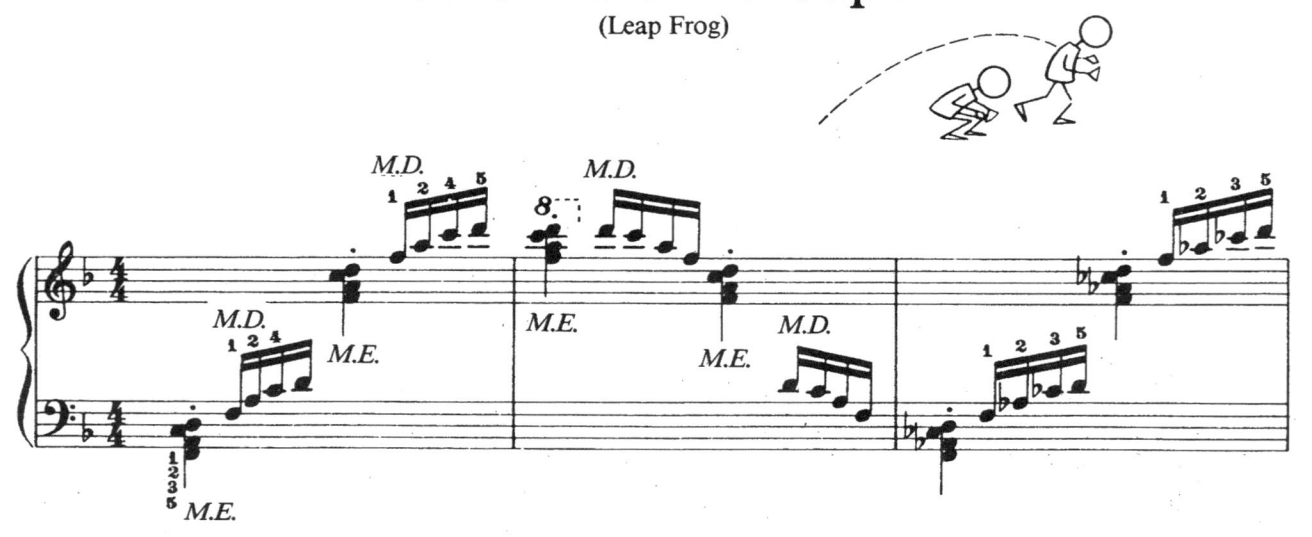

3. O Pulo Do Sapo
(Leap Frog)

31

4. Boliche Americano
(Juggling Tenpins)

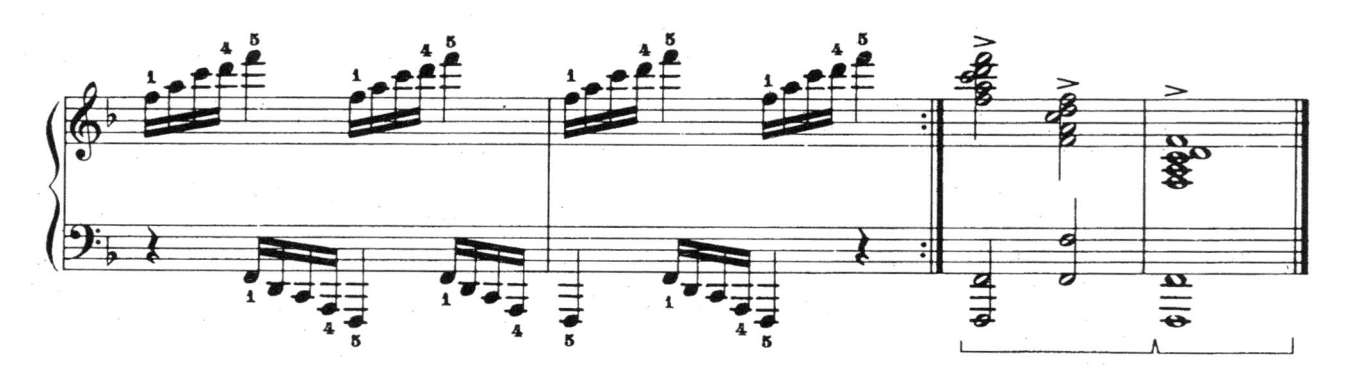

5. Treinando Golf
(Golf Practice)

Na cadência

M.E.

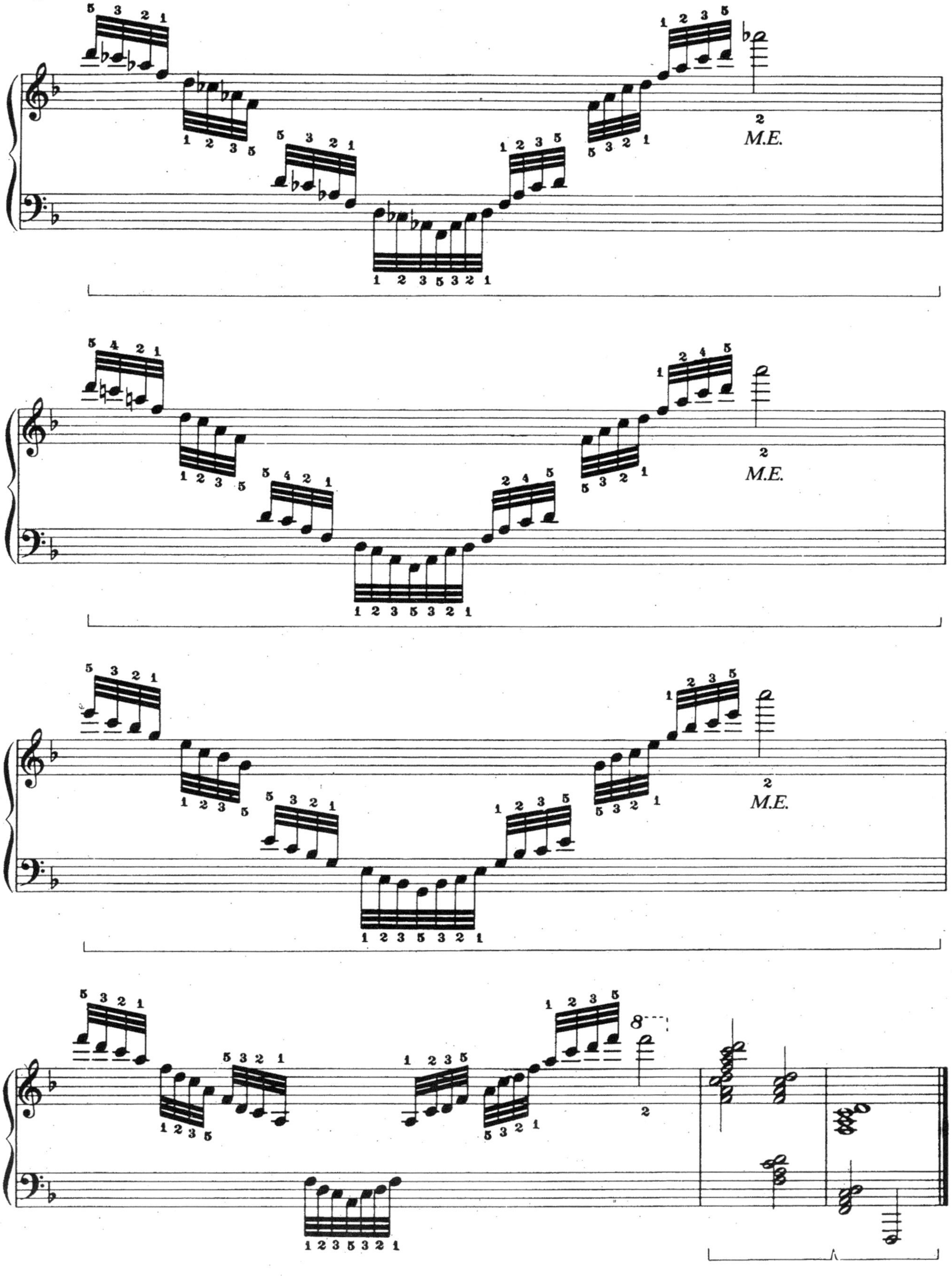
M.E.
M.E.
M.E.

6. Flexionando Os Braços Para Fora, Mas Pulando
(Flinging Arms Out And Jumping)

7. Respirando Fundo
(Deep Breathing)

8. Jogando Tênis
(Playing Tennis)

9. Seguindo O Líder
(Follow The Leader)

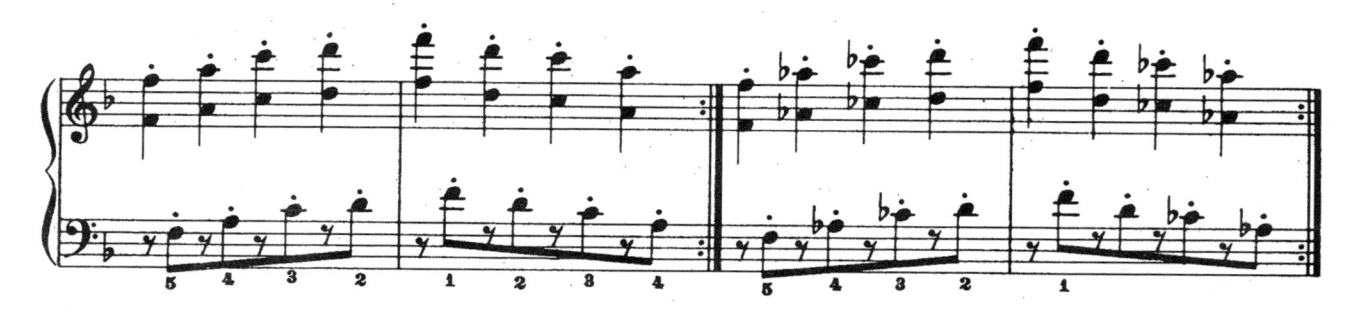

38

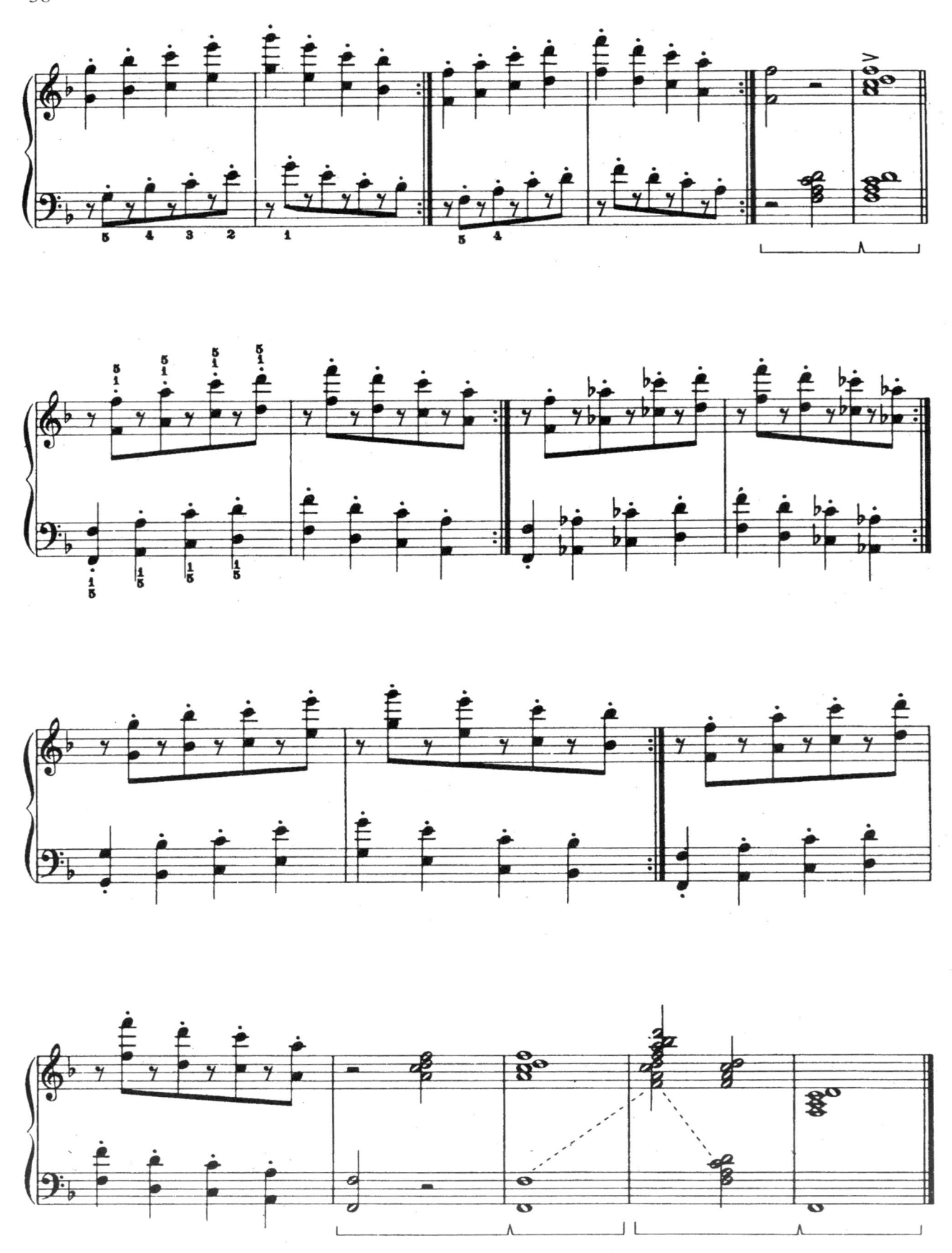

10. Passadas De Aranha
(Spider Walk)

11. Subindo E Descendo Na Escada (Bem Rápido)
(Climbing Up And Down A Ladder -fast-)

12. Agora Estou Pronto Pra Tocar Vamos A Aula Começar
(Fit As A Fiddle And Ready To Go)

Grupo IV

1. Rodopiando Na Ponta Dos Pés
(Twirls On Toes)

2. "Pegando" Onda
(Na Prancha De Surf) (Riding A Surf Board)

3. Cruzando As Pernas Em Tesoura, Mas Sentado Na Cadeira
(Flutter Kick While Sitting On A Chair)

4. Balançando A Perna Em Pêndulo
(Swinging Leg Like A Pendulum)

Perna Direita

Perna Esquerda

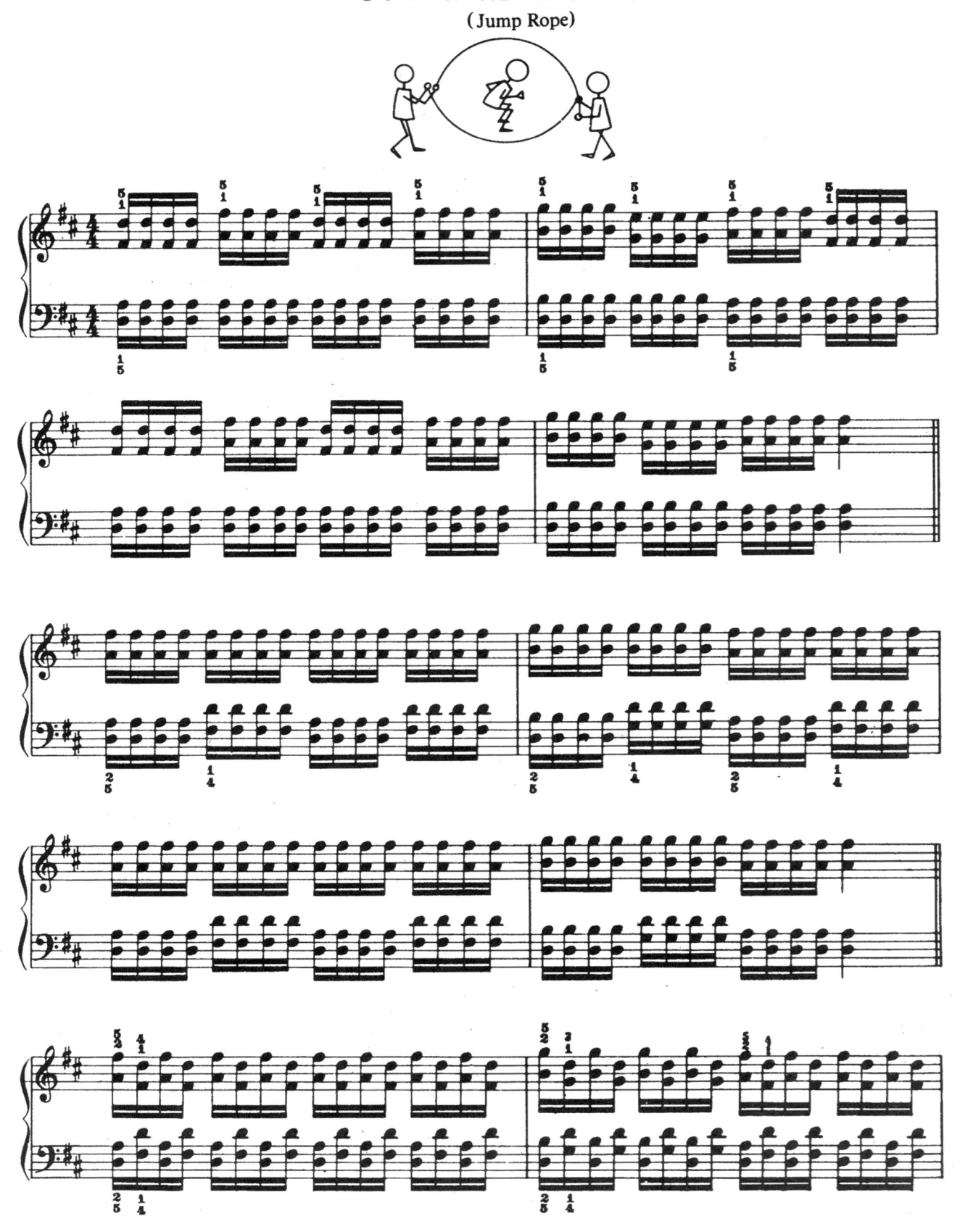

5. Pular Corda
(Jump Rope)

6. Correndo Na Ponta Dos Pés
(Parado No Lugar)
(Tip Toe Running - In Place-)

7. Pulando Na Ponta Do Pé
(Feito Um Gatinho)

(Jumping On Tip Toe - Like A Kitten-)

Alterne as mãos

Haste para cima: *M.D.*
Haste para baixo: *M.E.*

8. Ensaiando No Tambor-Mor
(Drum Majorette Practice)

9. Correndo Em Velocidade
(Fast Running)

10. Passadas de Aranha
(Spider Walk)

11. Levantamento De Peso Por Polias
(Pulley Weight Pulls)

12. Agora Estou Pronto Para Tocar Vamos A Aula Começar

(Fit As A Fiddle And Ready To Go)

Grupo V

1. Gêmeos Na Escada Rolante
(Twins Riding An Escalator)

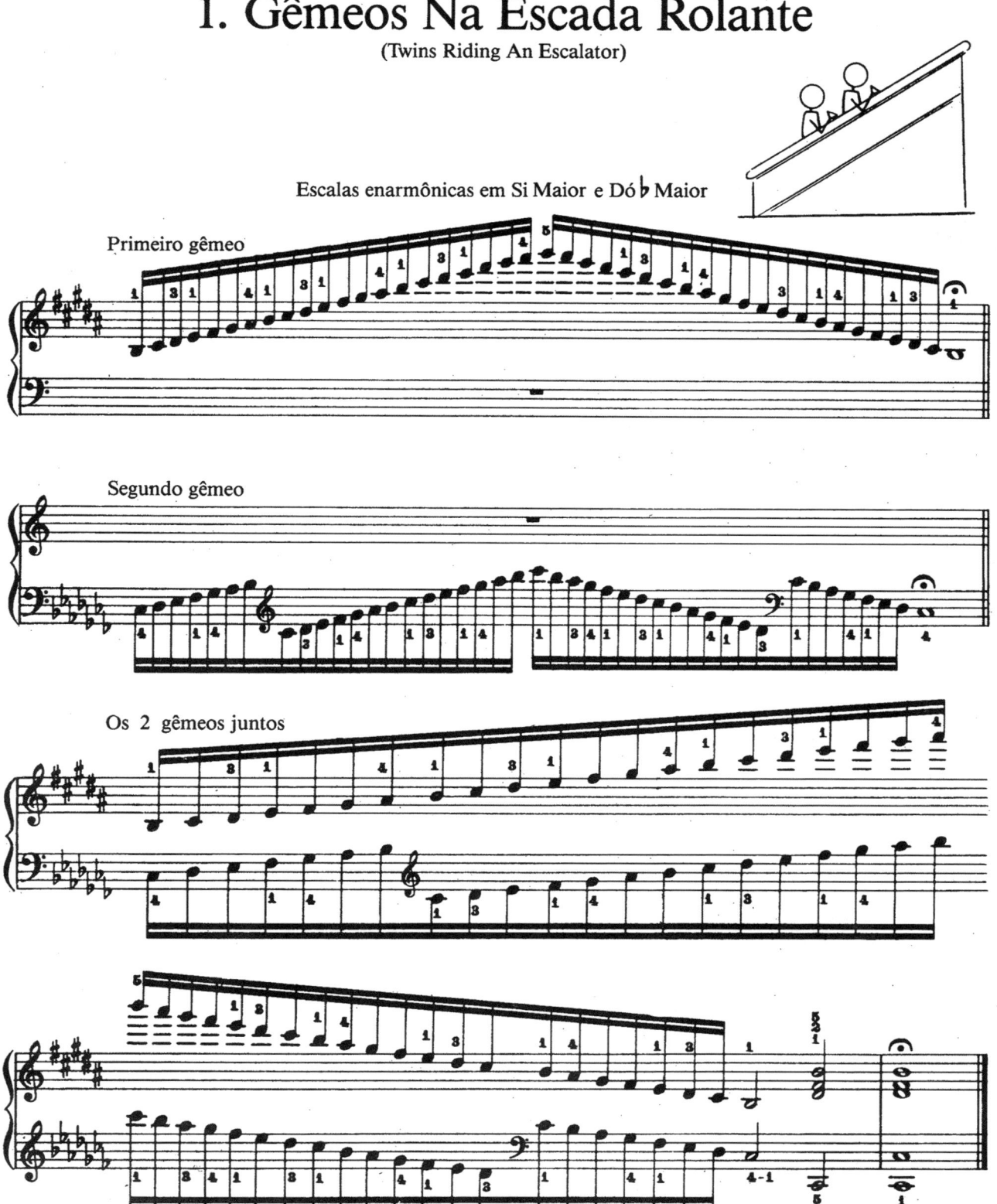

Escalas enarmônicas em Si Maior e Dó♭ Maior

Primeiro gêmeo

Segundo gêmeo

Os 2 gêmeos juntos

2. Gêmeos No Elevador Panorâmico
(Twins Riding In A Glass Elevator)

Escalas enarmônicas em Fá # Maior e Sol ♭ Maior

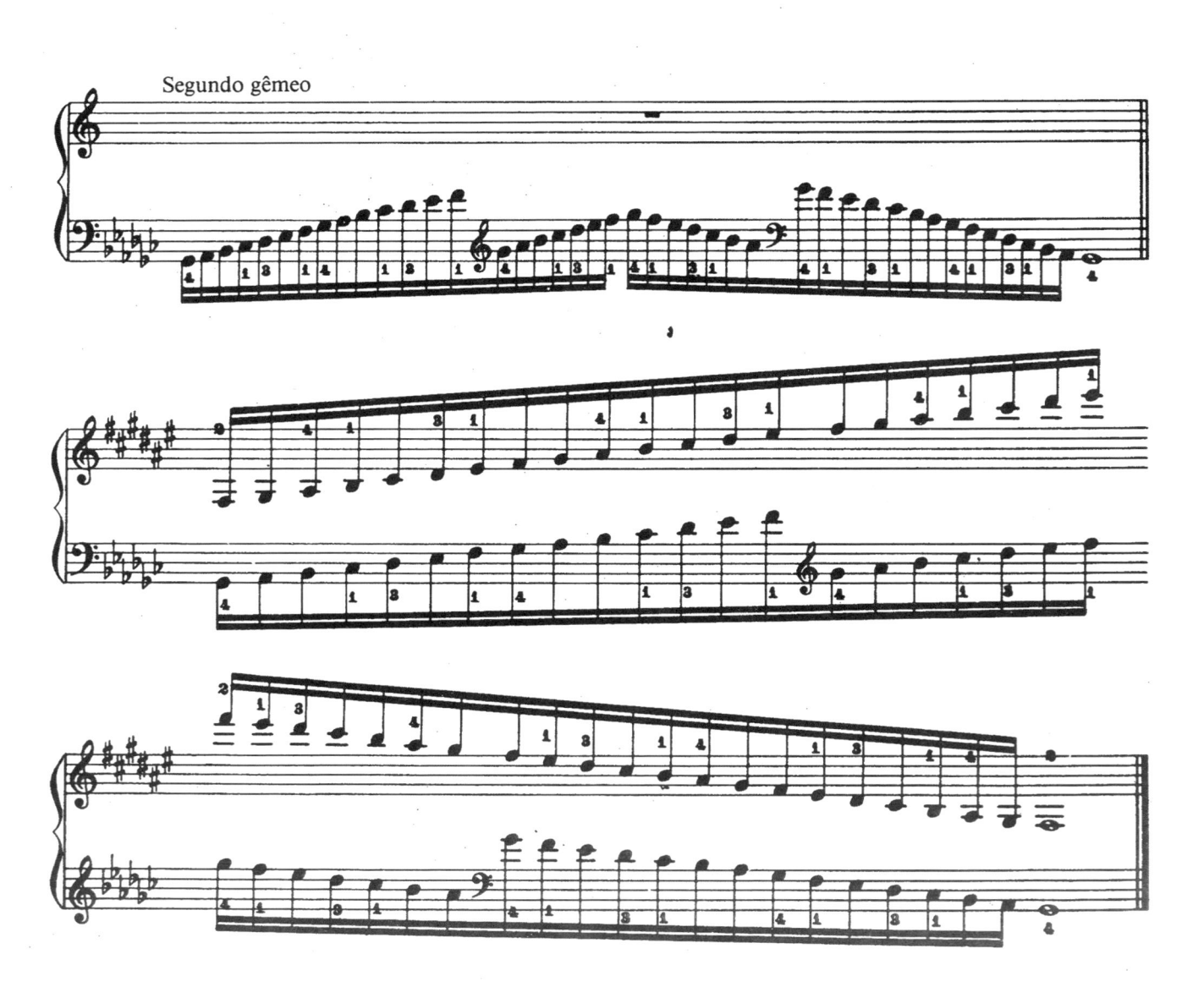

Primeiro gêmeo

Segundo gêmeo

3. Gêmeos No Teleférico
(Twins Riding In A Ski Lift)

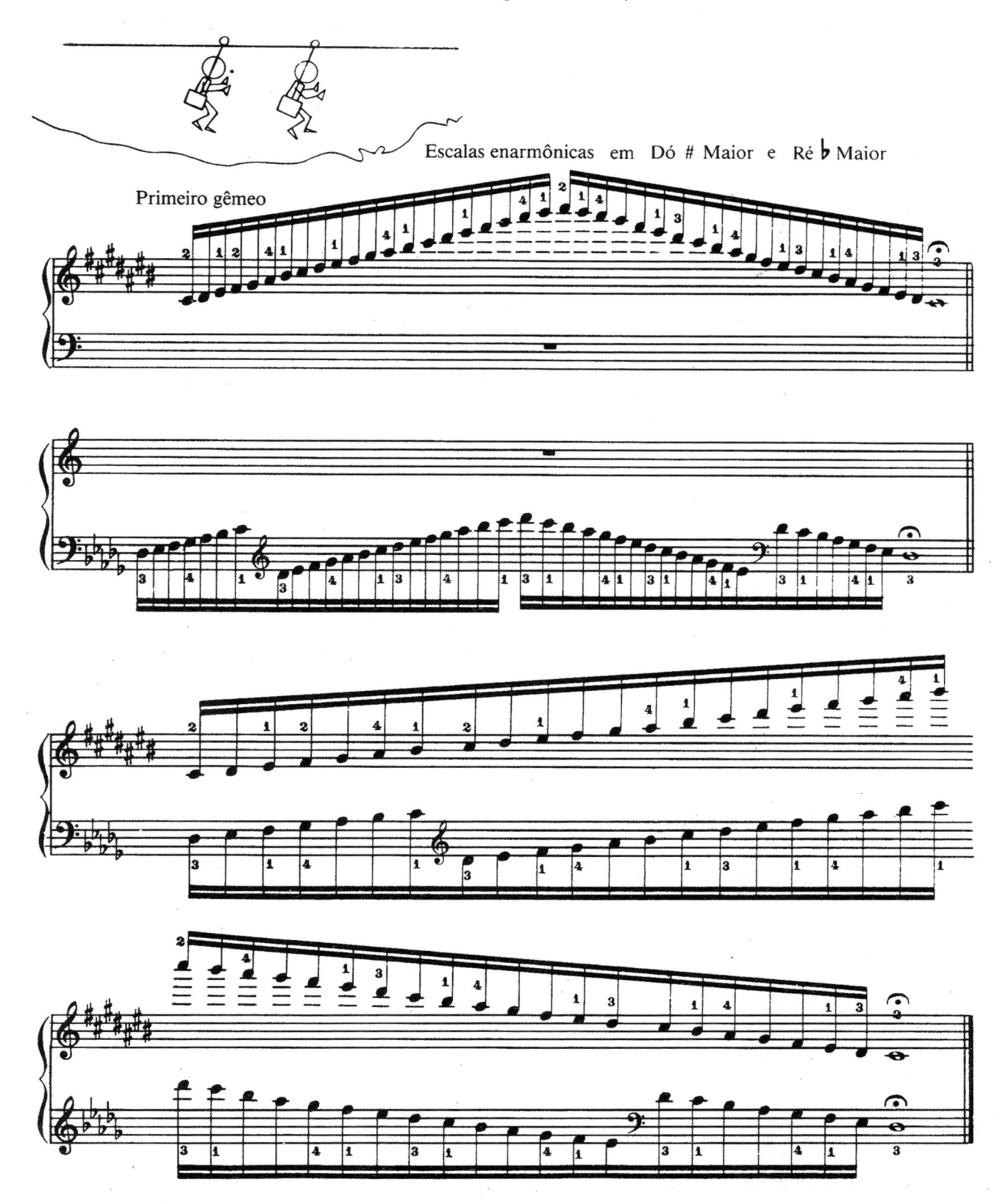

Escalas enarmônicas em Dó # Maior e Ré ♭ Maior

Primeiro gêmeo

4. Viajando De Carruagem

(Riding A Tandem)

Com 3 relativos

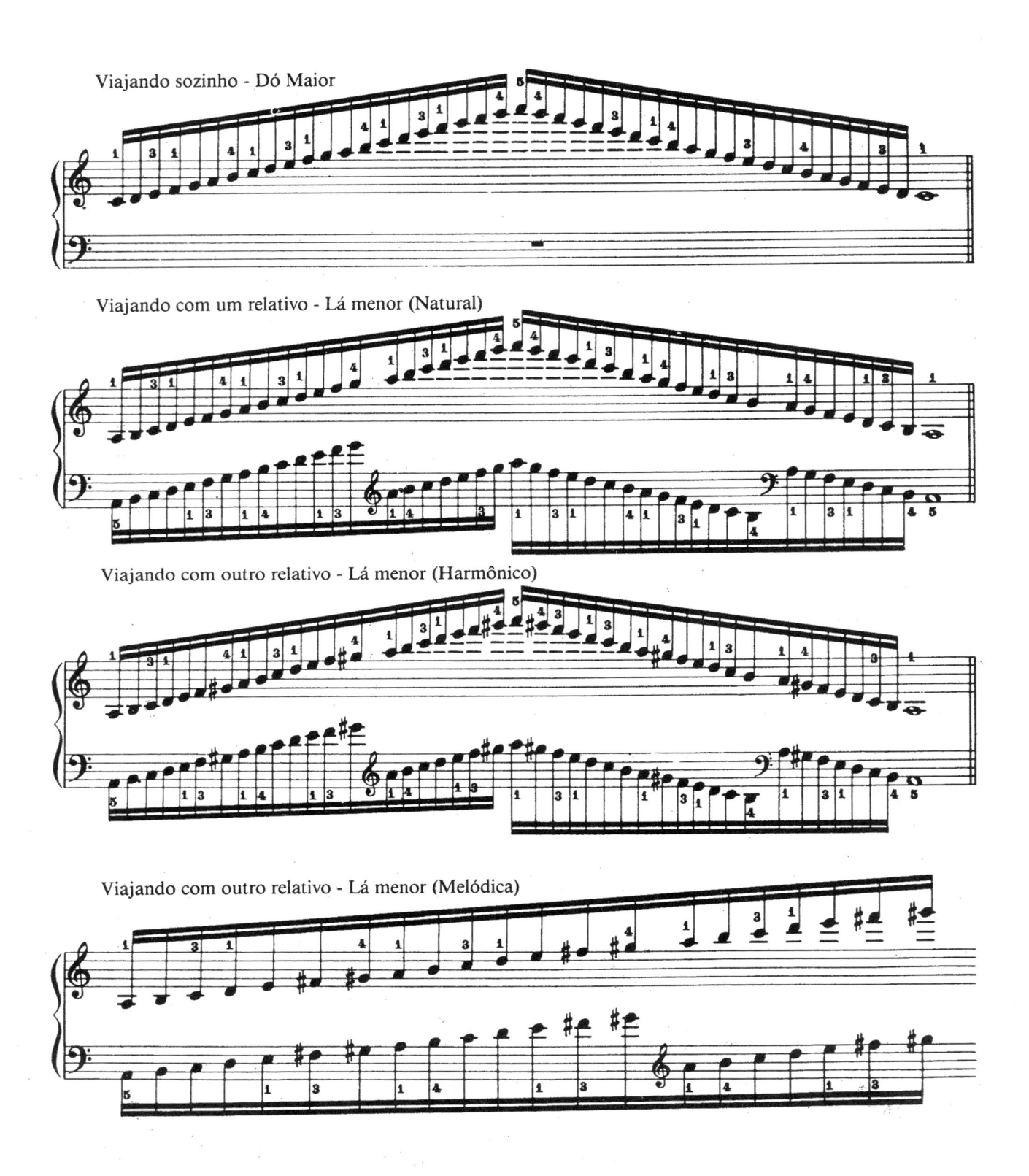

Viajando sozinho - Dó Maior

Viajando com um relativo - Lá menor (Natural)

Viajando com outro relativo - Lá menor (Harmônico)

Viajando com outro relativo - Lá menor (Melódica)

5. Jogando Peteca
(Badminton)

Sem armadura na clave - Bitonal -

6. Escrevendo No Céu
(Sky Writing)

7. Viajando De Disco Voador
(Flying Saucer Ride)

Escalas de tons inteiros

8. Preso Na Ponte Levadiça!
(Caught On A Drawbridge!)

Ponte subindo

Ponte descendo

9. Enfrentando A Correnteza Num Caiaque (Canoa)

(Riding A Kayak In The Rapids)

Mudando o tempo de compasso

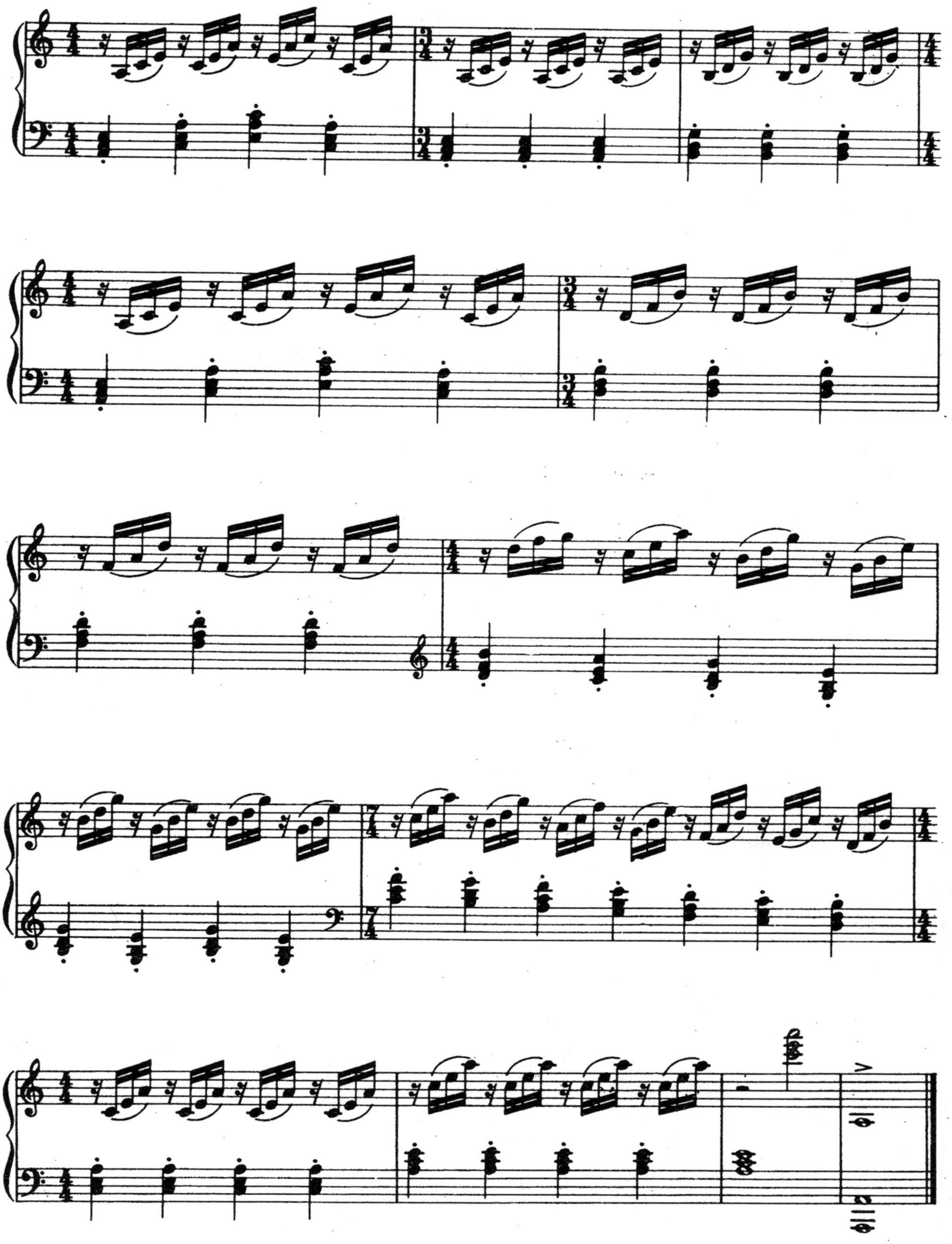

10. No Pogoball

(On A Pogo Stick)
(Clusters)

11. Pulando de Pára-quedas
(Parachute Jumping)

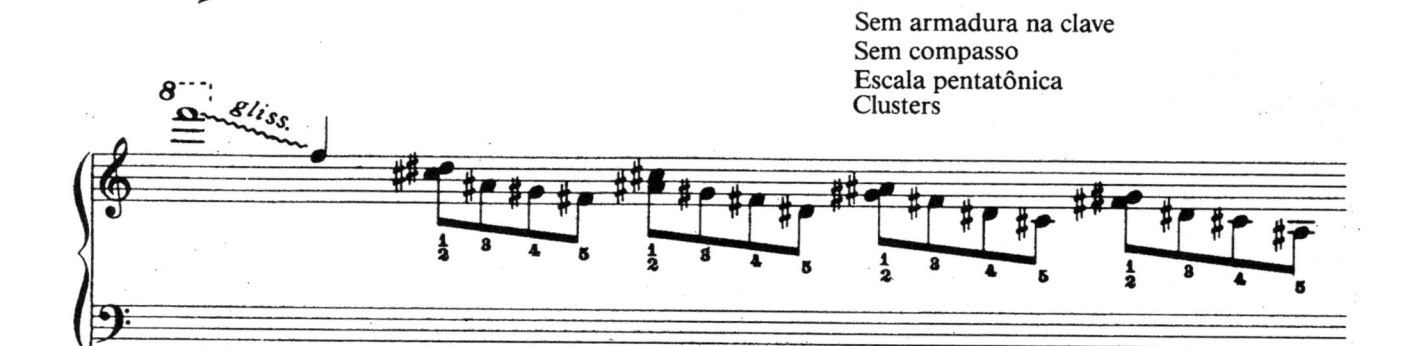

Sem armadura na clave
Sem compasso
Escala pentatônica
Clusters

12. Agora Estou Pronto Pra Tocar Vamos A Aula Começar

(Fit As A Fiddle And Ready To Go)